はじめに

キノちゃん

簿記は複雑でわかりにくなぁ

ナカジ

入門書でも細かすぎるしぃ

ポキノコ先生

この本は、そんな印象をもっている
人たちのための、超入門書

簿記は何に役立つのか、仕訳のコツ、
仕入と商品の違いなど、簿記に必要な
エッセンスだけを、マンガも入れて
やさしく楽しく説明しています

楽しんで読んでみてください

ボキノコ先生の
マンガでわかる簿記入門
目次

はじめに	・・・・・・・・・・・	01
キャラクター紹介	・・・・・・	04

1時間目　全般

01	簿記ってなに？	・・・・・・・	06
02	簿記ってなぜ必要なの？	・・・	08
03	簿記って何に役立つの？	・・・	10
04	決算ってなに？	・・・・・・・・	12
05	決算っていつするの？	・・・・	14

2時間目　5大要素

06	簿記の5大要素ってなに？	・・・	18
07	資産ってなに？	・・・・・・・・	20
08	負債ってなに？	・・・・・・・・	22
09	純資産ってなに？	・・・・・・・	24
10	収益と費用ってなに？	・・・・	26

3時間目　仕訳と決算書

11	仕訳ってなに？(その1) ・・・・	30
12	仕訳ってなに？(その2) ・・・・	32
13	仕訳ってなに？(その3) ・・・・	34
14	貸借対照表ってなに？ ・・・・	36
15	損益計算書ってなに？ ・・・・	38

4時間目　勘定科目

16	勘定科目ってどんなものがあるの？	42
17	仕入ってなに？ ・・・・・・	44
18	仕入と商品の違いってなに？・・	46
19	売掛金・買掛金ってなに？ ・・・	48
20	未収入金・未払金ってなに？ ・・	50
21	受取手形・支払手形ってなに？・・	52
22	減価償却ってなに？ ・・・・・	54
	クイズ・・・・・・・・・・	56-58

🍄 キャラクター紹介 🍄

ボキノコ先生

キノちゃん達に簿記をわかりやすく教える先生。普段はぼーっとしているけれど怒ると怖い。意外と乙女な一面も。

キノちゃん

かわいいながらもしっかり者。簿記を習って将来は経理の仕事がしたいと思っている。無駄遣いがたまに傷…？

ナカジ

キノちゃんの同級生。お調子者だが実は IQ は高い。人間の長嶋君がモデルという噂も…？

1時間目

全般

1 簿記ってなに？

1 簿記ってなに？

簿記とは、簡単にいうとお金にまつわるいろいろなものの動きをノートにつけることです。お金や価値のあるものをもらったり交換したとき、あるいは損をしたりなくしたりしたとき、そのことを記録しておかないと、忘れてしまったり状況がわからなくなってしまいます。このため、お金や価値のあるものの動きをノート（帳簿）につける（記入）ことが必要になります。

この「帳簿記入」を略して「簿記」と呼びます。

簿記には、単式簿記と複式簿記の2種類があります。単式簿記はお金の動き（現金の増減）という1つの側面（単式）のみを記録する簿記です。一方で複式簿記は、お金以外のいろいろなものの動きを対象として、1つの取引を2つの側面（複式）に分けて記入する仕組みになっています。この「2つの側面でとらえる」というところが複式簿記の大きな特徴であり、また難しいところなのです。なお、通常は簿記といえば、この複式簿記を意味します。

→2つの側面に分けることについては、「仕訳ってなに？」で詳しく説明していきます。

2　簿記ってなぜ必要なの？

2　簿記ってなぜ必要なの？

　お店や会社が行う簿記は、商売に関連するさまざまな活動を記録していきます。
　この「さまざまな活動」は、すべてお金に関係したものです。つまりお金が動く活動が簿記の対象です。そこでは、お金そのものだけではなく、お金に換算できる価値があるものが動いたり、物の価値が変わったりする場合も含まれます。

　つまり簿記は、お店や会社の活動について、お金の価値の動きに関係するものが記録の対象になっているのです。この記録の対象は「簿記上の取引」といいます。簿記を行うことによって、お店や会社は、お金に関するすべての動きを理解することができるのです。では、お金の動きとはなんでしょうか。それは、大きくいうと、「どれだけの財産、そしてどれだけの借金が残っているか」そして「どれだけたくさん稼いで、これまでにどれだけ経費がかかって、どれだけの儲けが出たのか」という２つの動きがあります。前者は「貸借対照表」、そして後者は「損益計算書」という表になって示されます。

　これらの表の役割については、次のページで詳しく見ていきましょう。

3 簿記って何に役立つの?

　簿記では、簿記上の取引がすべて記録されます。そしてその記録はあるところで集計されますが、その集計結果は「貸借対照表」と「損益計算書」という2つの表で示されます。これら2つの表を見ることによって、お店や会社は、財産がどのくらいあるのか、そして商売の結果どのくらい儲かったのかを知ることができます。それをうけて、これからの財産のバランスをどのようにすればよいか(財産管理)、また商売の方向性をどう進めていけばよいのか(経営戦略)を考えることができます。

　簿記が役に立つのは、お店や会社だけではありません。簿記でつくられた2つの表を読むことによって、投資家は、その会社に投資すれば儲かるかどうかを考えることができます。銀行は、その会社にお金を貸して将来返してもらえるかどうかを考えることができます。また就職を考えている学生は、他の会社と比べて魅力的かどうかを考えることができます。このように、さまざまな人たちが考えて行動を決める(これを意思決定といいます)うえで、簿記はとても役に立っているのです。
→貸借対照表と損益計算書は、後で詳しく説明していきます。

4 決算ってなに？

4 決算ってなに？

　あるスポーツの大会を「私のこれまでの練習の総決算」といったり、目標とする大学の受験を「これまでの受験勉強の総決算」といったり、老後について「人生の総決算」といったりします。これらの「総決算」の意味は、これまで自分が行ってきたことの成果や達成度を表すことを意味しているようですね。簿記で行う決算も、まさに同じような意味で使われています。

　簿記では日々行われる会社の活動を毎日記録していきます。しかし、どこかでその結果を集計してまとめなければなりません。この「集計とまとめ」が決算です。決算で集計されてまとめられた結果は、決算書と呼ばれ、主に1年間の活動の成績表としての意味をもっています。決算書は財務諸表とも呼ばれますが、この中身は、先ほど登場した「貸借対照表」（財産の状態を示す表）と「損益計算書」（1年間の儲けをまとめた表）で構成されます。つまり決算とは、1年間の会社の活動の結果、どれだけ儲かったかという成績と、1年間の活動の結果、どれほどの財産が残ったのかという成績を表すために行われるものであり、そして、この決算を行うことも簿記のなかに含まれます。

5 決算っていつするの？

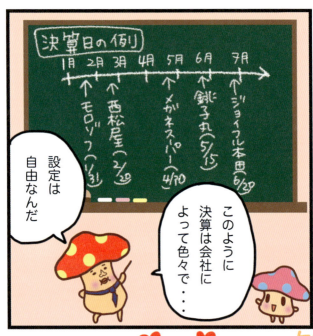

5　決算っていつするの？

　決算はいつ行うのか？それはいつでもよい、というのが答えです。大きな1回の取引で決算してもよいし、1ヶ月ごとでもよいし、会社をたたむときにこれまでのすべての活動をまとめて行ってもよいのです。ただ、決算で出た結果を過去の結果と比べたり、ライバルの会社と比べたり、あるいは税金の支払いの計算の参考にしたりするためには、通常は1年に1回、つまり1年分の活動を集計してまとめることが一般的となっています。その決算の時期も、本来はいつでもよいのですが、日本の会社では毎年3月31日が最も多く、アメリカでは毎年12月31日に集中して行われています。

　よく耳にする「決算セール」というのは、決算の日が近づいてきているので、最後にたくさん商品を売って、儲けの成績を少しでもよくするための最終手段です。「在庫一掃棚卸セール」というのは、決算の日に商品を棚から卸して財産の状態（つまり在庫がいくらあるか）を調べることが「棚卸」ですので、決算セールと同じ意味になりますね。

2時間目

5大要素

6 簿記の5大要素ってなに？

　簿記では、お金にまつわるさまざまな取引や動きを記録していきますが、その記録の対象は、すべて、5つの要素のいずれかに当てはまります。5つの要素とは、資産、負債、純資産、収益、そして費用です。たとえば「銀行からお金を借りた」という取引は、資産と負債という2つの要素の動きに該当します。また、「会社の従業員に給料を支払った」という取引は、資産と費用という2つの要素の動きに該当します。（複式簿記ですので、複数の要素が関連して記録されます。詳しくは「仕訳」で見ていきましょう。）

　資産と負債と純資産は、財産がいくらあるかの有り高（ストック）を示す要素であり、また収益と費用は儲けに影響する取引の動き（フロー）を示す要素です。したがって、「資産・負債・純資産」と「収益・費用」では、性質が大きく異なっています。

　「④決算ってなに？」で説明したように、貸借対照表は、資産と負債と純資産を1つの表にまとめたもの、また損益計算書は、収益と費用を1つの表にまとめたものです。
　5大要素のそれぞれの特徴については、次のページから詳しく説明していきます。

7 資産ってなに？

7 資産ってなに？

　資産とは、簡単にいってしまえば、持っていると嬉しいものです。より具体的には、お金に換えることのできる価値のあるもの、あるいは後でお金がもらえる権利が資産となります。「財産」といわれるものは、ほぼすべて「資産」に該当します。

　資産の仲間は、お金はもちろんのこと、お金に換えることのできるものとして、在庫商品や土地や建物や車、工場の機械やオフィスの机、パソコン、ロッカーなど、あるいは株券や社債権などがあてはまります。また、後でお金がもらえる権利としては、人にお金を貸して後で返してもらえる権利（貸付金）や商品を売って月末に代金を受け取ることになっている場合の貸しの部分（売掛金）などがあります。

8 負債ってなに？

8　負債ってなに？

　負債とは、簡単にいってしまえば、これからお金を返さなければいけない悲しいものです。負債は、債務とか返済の義務などともいわれています。

　負債の仲間としては、銀行でお金を借りた場合の借金（借入金、といいます）、材料や商品を仕入れて、代金は月末に支払うことにした場合の「ツケ」（買掛金、といいます）などが代表的です。

9 純資産ってなに？

9 純資産ってなに？

　純資産とは、自分のもっている資産のうち、これからお金を返さなければならない分（負債）を引いた残りの部分をいいます。たとえば、資産が100万円あって、負債が40万円あったとすると、純資産は60万円となります。

　純資産は、もともと「資本」といわれていて、本来の意味は自分の持ち分の財産を意味します。最初に会社をつくるために自分たちで持ち出した「元手」（これを資本金、といいます）と、毎年儲けた分をためていった財産の増加部分が純資産の内容になります。

　資産と負債との関係を式に表すと次のようになります。

$$資産＝負債＋純資産$$

　これを貸借対照表等式といい、貸借対照表の構成を表しています。

10 収益と費用ってなに？

10 収益と費用ってなに？

　収益とは、商品を売ったりサービスを提供したりすることによってもらった稼ぎのことをいいます。そして、その稼ぎを得るためにかかった経費は費用といいます。たとえば、車を販売して50万円を受け取った場合、収益は50万円となります。そして、その車を仕入れるためのお金が30万円、その車の整備代が5万円であれば、費用はそれらの合計で35万円となります。

　収益は、稼いだお金全体を指し、費用はその稼ぎのためにかかったすべての経費を指します。そして、結局どれだけ儲けたのかは、収益と費用を差し引いた金額で表され、それは「利益」といいます。上の車の販売の例でいえば、50万円から35万円を引いた15万円が利益となります。

　なお、費用は、稼ぎを得るためのすべての経費ですので、さまざまな項目が該当します。たとえば、車の販売員の給料、セールスのための広告費、ピカピカに磨くためのクリーナー代などです。これらさまざまな費用を稼いだ金額（収益）から差し引いて、純粋に儲かった金額（利益）が計算されるのです。経費（費用）節約は大切ですね。

3時間目

仕訳と決算書

11 仕訳ってなに？（その1）

11 仕訳ってなに？(その1)

「仕分けをする」というと、物を種類ごとあるいは色ごとに分けていくこと、できあがった菓子パンを届け先ごとに設けられた箱に分けて入れていくことなど、周りでしばしば使われる言葉ですね。仕分けは、分ける、分類するという意味で使われますが、簿記でいう「仕訳」もこれと同じです。

複式簿記は、1つの取引を左と右の2つの側面(複式)に分けて記入する仕組みになっています。仕訳は、このように取引を左右に2つに振り分けることを意味します。

取引は必ず2つの側面をもっています。たとえば「事務所の土地を買って200万円のお金を支払った」という取引は、「土地を買った」という側面と「お金を支払った」という側面の2つに分けられます。また、「銀行から10万円を借りた」という取引は、「お金を受け取った」という側面と、同時に「銀行に借金をつくった」という側面に分けられます。仕訳は、このように1つの取引を左右に振り分けるものですが、この振り分けには重要なルールがあります。次で見ていきましょう。

12 仕訳ってなに？（その2）

12 仕訳ってなに？（その2）

　仕訳は、1つの取引を2つの側面に分けて、左右にその項目（これを勘定科目といいます）と金額をそれぞれ記録していきます。ここでキーポイントは、仕訳には「増えた」とか「減った」という言葉は出てきません。あるルールに従って左と右に分けることによって、増えたと減ったが表されます。それが次のルールです。

・資産の仲間は、左側に書くと「増えた」を表す
・負債の仲間は、右側に書くと「増えた」を表す
・純資産の仲間は、右側に書くと「増えた」を表す
・収益の仲間は、右側に書くと「増えた・生じた」を表す
・費用の仲間は、左側に書くと「増えた・生じた」を表す

　（「増えた」側だけ示していますが、それぞれ逆側が「減った」を表します。たとえば、資産の仲間は右側に書くと「減った」を表します）

　そして、左側のことを「借方」、右側のことを「貸方」と呼びます。たとえば、先の例で「土地を買って200万円のお金を支払った」という取引は、次のように仕訳されます。土地は「土地」という資産の仲間の勘定科目で、それが増えたので借方（左側）、お金は資産の仲間で「現金」という勘定科目、それが減ったので貸方（右側）に記録されます。

（借方）土地　2,000,000	（貸方）現金　2,000,000

13　仕訳ってなに？（その3）

この例を使って仕訳してみよう

商品を売って2,000円のお金を受け取った

↓　↓

商品が売れた　　お金を受け取った

まずは取引を2つに分けよう

↓　↓

「売れた（稼いだ）」は「売上」で2,000円　　「お金」は「現金」で2,000円

勘定科目と金額をつけよう

✕（たすき掛け）

「現金」は資産の仲間　増加したので左側へ　　「売上」は収益の仲間　増加（発生）したので右側へ

ルールに従って左右に分けるんだ

| （借方）現金 2,000 | （貸方）売上 2,000 |

13 仕訳ってなに？(その3)

　それでは最後に仕訳のルールを整理してみましょう。
(1) 1つの取引を2つの側面に分ける
(2) それぞれの側面に勘定科目と金額をつける
(3) 5大要素それぞれの「増えた・減った」の決まりに従って左と右に振り分ける
(4) 左の金額と右の金額は常にイコールになる

　このルールに従って、先ほど紹介した「銀行から10万円を借りた」という取引を仕訳してみましょう。この取引は、(1)「お金を受け取った」という側面と、同時に「銀行に借金をつくった」という側面に分けられます。(2)お金は資産の仲間で「現金」、借金は負債の仲間で「借入金」という勘定科目になり、金額はそれぞれ10万円です。(3)現金(資産)が増えるのは「左側」(借方)、借入金(負債)が増えるのは「右側」(貸方)になります。そして(4)左右にどちらも10万円を記入すると、以下の仕訳ができあがります。

(借方) 現金　100,000	(貸方) 借入金　100,000

14　貸借対照表ってなに？

> ここは負債の内容が書いてるのね！

借方　　　　貸借対照表	貸方
資産の仲間	**負債の仲間**
・現　金　　　50,000	・買掛金　　　40,000
・売掛金　　　20,000	・借入金　　 160,000
・商　品　　　70,000	負債合計　200,000
・建　物　　 100,000	**純資産の仲間**
・土　地　　 260,000	・資本金　　 300,000
資産合計 500,000	純資産合計 300,000

ここには今もっている財産の中身が表されているんだね

こちらは資産50万円のうち、自分の元手で出した分が30万円であることを表しているよ

この金額は資産50万円のうち人に借りている分が20万円であることを表しているよ

14 貸借対照表ってなに？

　簿記の最終的なゴールは、決算書つまり貸借対照表と損益計算書を作成することです。貸借対照表は、1年の終わりの最終日（これを決算日といいます）の時点でもっている財産の状況を示す表です。

　貸借対照表の借方には資産の仲間が記載され、そして貸方には負債の仲間と純資産の仲間が記載されます。隣のページを参考にしてみてください。貸借対照表は、「⑨純資産ってなに？」で登場した貸借対照表等式の関係でつくられています。念のためもう一度書いておきましょう。

$$資産＝負債＋純資産$$

　貸借対照表には、もう1つの見方があります。借方の資産は、会社がどのような財産をもっているのか（資金の運用形態）を知ることができ、そして貸方の負債と純資産は、それらの財産を買うための資金をどのように集めたのか（資金の調達源泉）を知ることができます。負債は他人から借りた資金の内容、また純資産は自分で元手として出した資金や今までの儲けの内容が示されます。

15　損益計算書ってなに？

商品を売った稼ぎがこの「売上高」なんだね。

損益計算書

収益の仲間
・売　上　高　　250,000

費用の仲間
・売上原価　　　100,000
・給　　　料　　 50,000
・広　告　費　　 30,000
・光　熱　費　　 20,000

　　利益　　　　 50,000

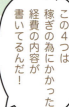

この4つは稼ぎの為にかかった経費の内容が書いてるんだ！

全部で20万円！

収益引く費用、つまり「25万円引く20万円」がこの利益5万円なんだ。

15　損益計算書ってなに？

　損益計算書は、決算までの1年の間、どれだけ稼いだのか(収益)、その稼ぎのためにどれだけの経費がかかったのか(費用)、そしてどれだけ儲かったのか(利益)をまとめた表です。損益計算書は、これら3者の関係が次の式の構図となってつくられています。隣のページを参考にしてみてください。

> 収益－費用＝利益

　このように、損益計算書は、お店や会社の経営成績を表すものです。利益が大きければ大きいほど、その年の成績はよいものといえます。しかし、ここで注意しなければならないことは、いくら「収益」が大きくても「費用」がかさんでしまうと「利益」が出ない、ということです。むしろ費用が大きくなりすぎると利益がマイナスになります。マイナスの利益は「損失」または「赤字」ともいわれます。

　「わたしの会社は年商(売上)10億円です。すごいでしょう」と威張っていても、「年商」は「1年間の収益」のことですから、もしかしたら費用がかさばっていて赤字の会社かもしれません。気をつけて聞いてくださいね。

4時間目

勘定科目

16 勘定科目ってどんなものがあるの？

勘定科目って
いっぱいあるね

実際にはもっと
色々な勘定科目が
使われているよ

負債の仲間

🍄支払手形　🍄未払金
🍄買掛金　　預り金
　借入金

などなど

資産の仲間

現金　　　　🍄繰越商品
当座預金　　貸付金
普通預金　　🍄未収入金
🍄受取手形　🍄建物
🍄売掛金　　備品
　有価証券　車両運搬具
　土地　　　などなど

純資産の仲間

資本金　　利益剰余金

などなど

🍄のマークが
ついた勘定科目は
この後で説明が
あるよ

収益の仲間

🍄売上　　　　有価証券売却益
　受取手数料　受取利息

などなど

費用の仲間

🍄仕入　　　　旅費交通費
　給料　　　　🍄減価償却費
　広告宣伝費　通信費
　支払手数料　水道光熱費
　支払利息　　支払家賃

などなど

42

16 勘定科目って どんなものがあるの？

勘定科目とは、簿記で記録するために、取引の内容を示す名称のことです。勘定科目は、お店や会社が行うさまざまな取引のすべての内容を示すために使われるので、たくさんのものがあります。これまでに出てきた勘定科目には、現金や土地や借入金などがありましたが、その他にも隣のページにあるように、色々なものがあります。

勘定科目として使われる名称は、とくに取り決めがあって決まったものではなく、これまでの慣行から定まってきています。だからといって、自分たちで好きな言葉を使ってしまうと、会社同士を比較するときや外部の人が理解するときなどに、同じ意味でも言葉が違うと混乱してしまうので、共通の勘定科目を使うことが好ましいでしょう。

勘定科目は、まず取引を仕訳するときに登場しますが、その後で決算書をつくるときにも、普通は同じ名称のままの勘定科目で集計されます。しかし、いくつかの勘定科目は、決算書に載せるときに、たとえば、以下のように名称が変わるものがあります。違いが微妙なものもありますね。

仕訳のとき		決算書のとき
売上	➡	売上高
繰越商品	➡	商品
仕入	➡	売上原価

17 仕入ってなに？

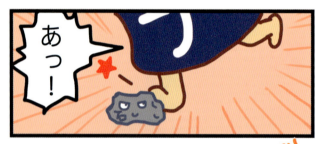

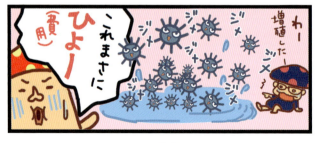

17 仕入ってなに？

　仕入とは、そのお店や会社が販売するための商品を購入すること、まさに仕入れることです。スーパーであれば、市場から野菜を購入すること、外車ディーラーであれば、ドイツから車を購入することが仕入です。

　仕入は「費用」になります。これは商品を売って稼ぐための経費です。たとえば「商品を3万円で仕入れて現金を支払った」という取引は、3万円の仕入(費用)が増えて、現金(資産)が減るので、次のような仕訳になります。

| （借方）仕入 30,000 | （貸方）現金 30,000 |

　「商品を買ってきたのだから、商品という財産がお店に入ってきて資産の増加ではないのか」という疑問がもたれるかもしれませんね。この考え方も正解ですが、このやり方はマイナーです。
　メジャーな方法は、ここで示した「仕入」という勘定科目を使うものです。この方法でも、資産として商品が登場しますので、もう少し詳しく次で見ていきましょう。

18 仕入と商品の違いってなに？

＊決算書に書くときは、勘定科目を仕入から売上原価に変えます。

18 仕入と商品の違いってなに？

　お店で販売するために商品を購入した場合、それが財産として価値があるにもかかわらず「費用」の仲間として「仕入」で仕訳します。これは、どうせその後ですぐに売れるので、購入した時点で売れた分の経費として商品を「仕入」で記録してしまうのです。たとえば、3万円で仕入れた商品が、その後5万円で売れたとすると、次のような式で利益が計算されます。

> 5万円（売上）－3万円（仕入）＝2万円（利益）

　しかし、仕入れた商品がすべて売れるとは限らず、売れ残って在庫になることもあります。そうすると売れてはいないので仕入の金額を売上の金額からそのまま引くことはできません。利益の計算は収益に対応する経費だけを引き算しなければならないためです（これを費用収益対応の原則、といいます）。したがって、仕入の金額から在庫で残った商品を除いた金額が利益の計算として引き算に使われます。残った商品は「繰越商品」という資産の仲間にしてあげて、来年またお店で販売することになります。つまり、商品は「在庫で残ったもの」「来年に繰り越す資産」というとらえ方になっています。

19 売掛金・買掛金ってなに？

19 売掛金・買掛金ってなに？

　商品を仕入れたり売上げたりするとき、その代金の支払いは現金だけでなく、しばしば「ツケ」にして後で支払う場合があります。お店や会社は1日に何回も取引を行うため、そのたびに現金で支払っていたら手間がかかります。そのため、代金の後払いをお願いしておき、月末にまとめて支払うことにしているのです。

　このような「ツケ」「掛け」あるいは「後払い」のことを「売掛金」あるいは「買掛金」といいます。「売掛金」は、商品を売って代金は後でもらうことにした場合の「後日お金を受け取る権利」です。この「権利」は嬉しいものなので資産の仲間になります。「買掛金」はその逆の立場のものであり、商品を仕入れて後で代金を支払う「義務」のことです。後でお金を支払わなければならない悲しいものなので負債の仲間になります。

　たとえば、商品を1万円で売って代金はツケにした場合、売った側と買った側は、それぞれ次のような仕訳になります。

【売った側】

（借方）売掛金　10,000	（貸方）売　上　10,000

【買った側】

（借方）仕　入　10,000	（貸方）買掛金　10,000

20 未収入金・未払金ってなに？

20 未収入金・未払金ってなに？

　未収入金と未払金も売掛金・買掛金と同様に、ものを売り買いした代金をツケ（後で支払うこと）にした場合の勘定科目です。では、両者の違いはどこにあるのでしょうか。それは、ツケで何を買ったかという点です。売掛金と買掛金は、そのお店や会社が扱っている「商品」を売ったり買ったりしたときに使います。一方で未収入金と未払金は、その会社の「商品以外のもの」の売り買いで生じたツケに対して使うものです。

　たとえば、机やロッカーなどの事務用品を売っている会社が、会社のもっている車を150万円で売って代金は後で受け取ることにした場合、仕訳は次のようになります。

（借方）未収入金 1,500,000	（貸方）車　両　1,500,000

　車はその会社の商品ではないので、後でお金をもらえる権利は売掛金ではなく未収入金（資産の仲間）になります。逆にもし車のディーラーがツケで150万円の車（会社の商品）を売った場合は、次のようになります。使い分けが大事ですね。

（借方）売掛金　　1,500,000	（貸方）売　上　　1,500,000

21 受取手形・支払手形ってなに？

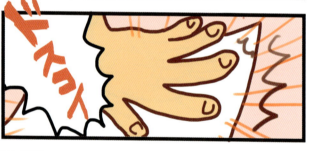

21 受取手形・支払手形ってなに?

　受取手形と支払手形は、売掛金・買掛金と同様に、商品を売ったり買ったりしたときに後で代金を支払う場合に使われます。ツケと違う点は、商品の代金を後で支払うことを約束した「手形」が渡されて取引されることです。受取手形は、商品を売って、代金を後で支払うことを約束した手形をもらった場合に、借方に仕訳を行う資産の勘定です。支払手形は、その逆の立場になり、商品を仕入れて代金の代わりに手形を渡す場合の、後で代金を支払う義務として仕訳される負債の勘定です。商品2万円の売買を手形で取引した場合の売った側と買った側の仕訳は、それぞれ次のようになります。

【売った側】

(借方)受取手形　20,000	(貸方)売　　上　20,000

【買った側】

(借方)仕　　入　20,000	(貸方)支払手形　20,000

　手形には○月○日に誰にいくら支払います、という内容が記載されています。この支払いの期日にきちんと代金を支払えない場合を「手形の不渡り」といいます。半年の間に2度不渡りを起こしてしまうと、銀行取引停止というペナルティーが科され、実質的に倒産となります。手形は便利な支払いの手段ですが、約束を守らないとコワ～イ結果が待っているのです。

53

22 減価償却ってなに？

22　減価償却ってなに？

　商品を売るためのお店の建物は、建てたときから年を経るごとにどんどん価値が減少していきます。たとえば、2千万円で建てたお店の建物は、5年後に古くなり建物の価値が1千800万円になったとしましょう。この価値が減った分の200万円は、減価償却費といいます。

　この「建物」という資産は、商品を売るために建てられて活用されています。このため、「建物」という資産の価値が減少した分は、商品を売るための経費として計算されることになります。減価償却費とは、資産の価値が減って（減価）償却する（費用に計上する）金額という意味になります。

　2千万円の建物が5年後に1千800万円になる場合、1年で40万円の価値が減少することになりますので、毎年40万円の減価償却費を費用として計上し、損益計算書のなかで収益から引き算していきます。

　建物と同様に、車、パソコン、工場、機械、そして机やロッカーなども毎年減価償却費が計算されて費用として計上されます。資産をたくさんもっていると利益を圧迫する、だからスリムな経営を心がけよう、という一面もありますね。

クイズのコーナー

Q1 簿記はさまざまな取引を記録していきますが、最後に集計結果を出すために2つの表を作成します。そのうち、財産管理に役立つのは何という名前の表でしょうか。

A: 決算書　　B: 損益計算書
C: 貸借対照表　D: 体重変動表

Q2 簿記の5大要素のうち、最初に会社をつくるために自分が持ち出した「元手」は、どの要素の仲間でしょうか。

A: 資産　　B: 資本金
C: 純資産　D: 純喫茶

Q3 簿記で記録するために使われる項目の名称は「勘定科目」といいます。では、500円玉は何という勘定科目でしょうか。

A: お金　　B: 硬貨
C: 現金　　D: 500円玉

Q4 仕訳では勘定科目の金額が「増えた」とか「減った」ことを、左側（借方）と右側（貸方）を使って表します。では、負債の仲間の勘定科目が「増えた」場合はどちらでしょうか。

A: 借方　　　B: 貸方
C: 親方　　　D: 奥方

Q5 「トラック（車両、といいます）を買って、現金 30 万円を支払った」という取引を正しく仕訳しているのはどれでしょうか。

A: | （借方）車両 300,000 | （貸方）現金 300,000 |

B: | （借方）現金 300,000 | （貸方）車両 300,000 |

C: | （借方）車両 300,000 | （貸方）支払 300,000 |

D: | （借方）車両 300,000 | （貸方）キノコ 300,000 |

Q6 負債が 50 万円、純資産が 30 万円のとき、資産の金額はいくらになるでしょうか。

A: 20 万円　　　B: 40 万円
C: 80 万円　　　D: −20万円

Q7 1個80円の商品を10個仕入れ、そのうち7個が1個200円で売れた場合、利益はいくらでしょうか。

A: 1,400円引く800円なので、利益は600円
B: 1,400円引く560円なので、利益は840円
C: 2,000円引く800円なので、利益は1,200円
D: 儲かった分は奥方にもって行かれるので、利益は0円

Q8 商品を買って、代金はその場で支払わずに月末に支払うことにした場合、その支払いの義務は何という勘定科目になるでしょうか。

A: 売掛金
B: 買掛金
C: 未払金
D: 「あ、いま持ち合わせがなかった、ごめん、後で払うから」金

答え：Q1(C) Q2(C) Q3(C) Q4(B) Q5(A) Q6(C) Q7(B) Q8(B)

58